Strohsterne
zum Nacharbeiten

Johanna Thieser

Strohsterne
zum Nacharbeiten

Die Deutsche Bibliothek – CIP-Einheitsaufnahme
Strohsterne zum Nacharbeiten / Johanna Thieser.
– Neuaufl. – Wiesbaden: Englisch, 1996
ISBN 3-8241-0548-9

© by F. Englisch GmbH & Co Verlags-KG, Wiesbaden 1996
ISBN 3-8241-0548-9
Alle Rechte vorbehalten. Nachdruck, auch auszugsweise, verboten.
Printed in Spain

Die Ratschläge in diesem Buch sind von Autorin und Verlag sorgfältig erwogen und geprüft, dennoch kann eine Garantie nicht übernommen werden. Eine Haftung der Autorin bzw. des Verlages und seiner Beauftragten für Personen-, Sach- und Vermögensschäden ist ausgeschlossen. Eine gewerbliche Nutzung der Vorlagen und Abbildungen ist verboten und nur mit ausdrücklicher Genehmigung des Verlages gestattet.

Inhaltsverzeichnis

Einleitung	7	**Sterne mit Rundbogen**	29
Das Einweichen der Halme	7	Modell 1	29
Das Bügeln der Halme	7	Modell 2	31
Das Bräunen der Halme	7	Modell 3	32
Das Binden der Grundsterne	7	Modell 4	34
Das Binden der Strohfächer	8	Modell 5	38
Das Schneiden der Halmspitzen	8		
Was tun mit abgebrochenen Halmen?	8	**Kombinationen von Spitz- und Rundbögen**	40
		Modell 1	40
Einfache Strohsterne	8	Modell 2	42
Modell 1	8	Modell 3	43
Modell 2	10		
Modell 3	11	**Aufwendige Kombinationen**	44
Modell 4	12	Modell 1	44
Modell 5	13	Modell 2	46
Modell 6	14	Modell 3	48
Modell 7	14	Modell 4	50
Modell 8	16	Modell 5	52
		Modell 6	54
Gezackte Sterne	18	Modell 7	57
Modell 1	18	Modell 8	60
Modell 2	20	Modell 9	62
Modell 3	22		
Sterne mit Spitzbogen	23		
Modell 1	23		
Modell 2	24		
Modell 3	26		
Modell 4	27		

Einleitung

Das Einweichen der Halme

Die Strohhalme werden etwa 30 Minuten in heißem Wasser eingeweicht. In kaltem Wasser ist die Einweichzeit entsprechend länger. Die Halme bleiben bis kurz vor der Verarbeitung im Wasserbad. Gefärbte Halme müssen Farbe für Farbe getrennt eingeweicht werden, weil das Stroh abfärbt.

Das Bügeln der Halme

Die eingeweichten Halme werden entweder sofort gebügelt oder vorher gespalten und gebügelt. Beim Spalten ritzen Sie einen Halm einseitig der Länge nach mit einem spitzen, scharfen Messer auf. Bügeln Sie die gespaltenen Halme mit großer Hitze auf beiden Seiten. Von diesen gebügelten Halmen werden mit Lineal und einem Cutter oder Teppichmesser Strohstreifen der gewünschten Breite abgeschnitten.

Das Bräunen der Halme

Helles Stroh kann entweder durch längeres Bügeln oder im Backofen auf niedriger Temperatur gebräunt werden. Für das Bräunen im Backofen werden die Halme vorher nicht eingeweicht. Das Stroh sollte während der gesamten Bräunung im Backofen überwacht werden. Die Halme verbrennen sehr schnell.

Das Binden der Grundsterne

Die Sterne dieses Buches basieren auf zwei Grundformen: den Vierer- und den Sechser-Stern.

Der Vierer-Grundstern besteht aus vier Halmen. Zwei dieser Halme legen Sie kreuzförmig übereinander, während die beiden anderen Halme versetzt auf die Lücke darauf gelegt werden. Es kann auch eine Stecknadel in die Sternmitte gepinnt werden und anschließend fester Zwirn rundum zwischen den Halmen durchgeführt und verknotet werden.

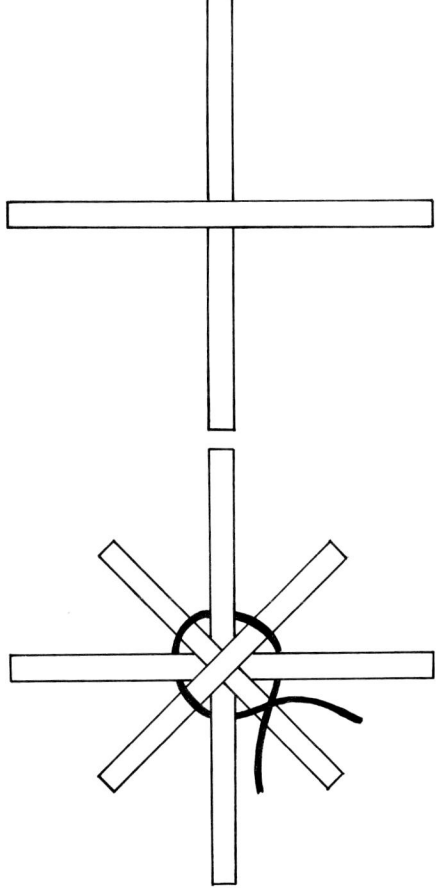

Vierer-Grundstern (2 Arbeitsschritte)

Einleitung

Der Sechser-Grundstern wird wie der Vierer-Grundstern, jedoch mit sechs Halmen gebunden.

Das Binden der Strohfächer

Legen Sie die möglichst gleich dicken Halme parallel und dicht nebeneinander auf einen querliegenden Zwirn. Während eine Hand die Halme beschwert, drücken Daumen und Zeigefinger der anderen Hand die Halme ca. 2 cm von den Enden entfernt fest zusammen. Die beschwerende Hand bindet nun den Fächer.
Anfangs ist es hilfreich, wenn Ihnen jemand beim Abbinden behilflich ist.

Das Schneiden der Halmspitzen

Die Halme werden in der Regel erst nach dem Binden spitz zugeschnitten oder durch Einschnitte verziert.

Was tun mit abgebrochenen Halmen?

Bei einem abgebrochenen, ungebügelten Halm wird einfach ein anderer, etwas dickerer oder dünnerer Halm auf- oder eingesteckt und mit etwas Klebstoff fixiert.
Ab- oder angebrochene, gebügelte Halme können mit auf der Rückseite angebrachtem Klebefilm „repariert" werden.

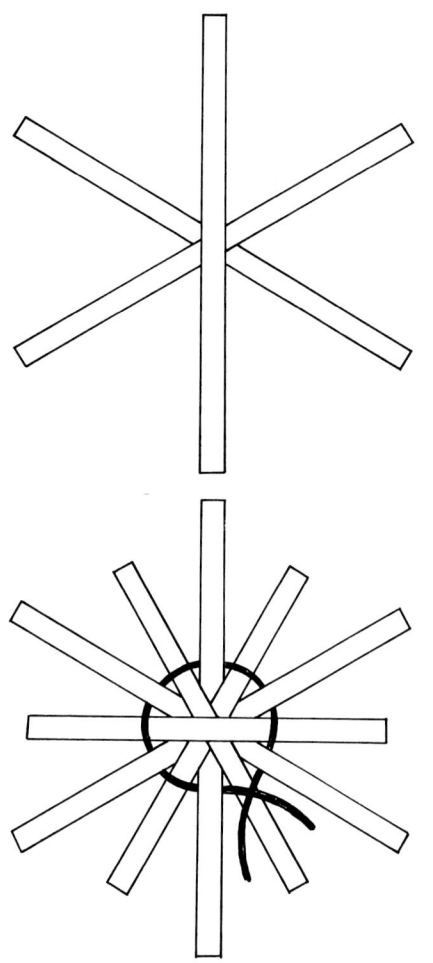

Sechser-Grundstern (2 Arbeitsschritte)

Einfache Strohsterne

Modell I

Material
- 1 eingeweichter, mittlerer Strohhalm, 18 cm lang
- je 10 eingeweichte, mittlere Strohhalme, 5 cm, 6 cm und 7 cm lang

Einfache Strohsterne. Modell I

Anleitung

1. An einem Ende des langen Strohhalms werden beidseitig je fünf 7 cm lange Halme angelegt und zu einem Fächer gebunden. Mit den 6 cm und 5 cm langen Halmen binden Sie direkt an den ersten Fächer anschließend zwei weitere Fächer.

2. Die Halmenden werden mit der Schere eingeschnitten.

Einfache Strohsterne. Modell 2

Modell 2

Oberer Stern:

Material
- 4 eingeweichte, ganze Halme, 14,5 cm lang
- 8 gebügelte Halme, 10 cm lang, 1,2 cm breit
- 4 gebügelte, orangefarbene Halme, 10 cm lang, 0,3 cm breit

Anleitung
1. Kleben Sie von den acht breiten, gebügelten Halmen jeweils zwei Rücken an Rücken aufeinander.
Auf diesen vier Halmen werden jetzt die schmalen orangefarbenen Strohstreifen fixiert.
2. Aus den ungebügelten bzw. aus den gebügelten Halmen binden Sie jeweils einen Vierer-Grundstern. Legen Sie beide Sterne versetzt aufeinander und verweben die Sterne zu einem Stern. Schneiden Sie die Enden ein.

Unterer Stern:

Material
- 3 gebügelte Halme, 14 cm lang, 0,3 cm breit
- 6 gebügelte Halme, 10,5 cm lang, 1,2 cm breit
- 3 gebügelte, orangefarbene Halme, 10,5 cm lang, 0,3 cm breit
- 6 gebügelte Halme, 12 cm lang, 0,3 cm breit

Anleitung
1. Zunächst werden von den sechs breiten Halmen (1,2 cm breit) jeweils zwei Rücken an Rücken aufeinandergeklebt.
2. Auf diese drei Halme kleben Sie nun einseitig jeweils einen orangefarbenen Halm. Aus den 10,5 cm und 14 cm langen sowie den 12 cm langen Halmen werden zwei Sechser-Grundsterne gebunden. Die anschließend versetzt aufeinander gelegten Sterne verweben Sie zu einem Stern. Mit der Schere werden zum Schluß die Halmenden ein- bzw. zugeschnitten.

Einfache Strohsterne. Modell 3

Modell 3

Material
- 4 gebügelte Strohhalme, 8 cm lang, 0,4 cm breit
- 4 gebügelte Strohhalme, 5,5 cm lang, 0,8 cm breit
- Malglitter

Anleitung
1. Aus den schmalen und den breiten Halmen binden Sie jeweils einen Vierer-Grundstern. Beide Sterne werden miteinander verwebt und die schmalen Halme mit Malglitter bestrichen.

Einfache Strohsterne. Modell 4

Modell 4

Material
- 8 gebügelte, helle Strohhalme, 13 cm lang, 0,6 cm breit
- 8 gebügelte, helle Strohhalme, 8,5 cm lang, 0,3 cm breit
- 16 gebräunte Strohstreifen, 3,5 cm lang, 0,3 cm breit

Anleitung

1. Aus den 13 cm bzw. 8,5 cm langen Halmen werden jeweils zwei Vierer-Grundsterne gebunden. Die gleichgrossen Sterne werden zu je einem Stern mit 8,5 cm bzw. 13 cm Durchmesser verwebt. Aus diesen beiden Sternen binden Sie einen Stern.
2. Die gebräunten Strohstreifen werden beidseitig angespitzt und auf die langen Halme geklebt. Abschließend schneiden Sie die Sternspitzen.

Einfache Strohsterne. Modell 5

Modell 5

Material
- 8 gebügelte, gebräunte Strohhalme, 11 cm lang, 0,8 cm breit
- 8 gebügelte, helle Strohhalme, 11 cm lang, 0,2 cm breit
- Goldsterne

Anleitung
1. Je zwei Vierer-Grundsterne aus den gebräunten bzw. den hellen Strohhalmen werden zu einem gebräunten bzw. hellen Stern verwebt.
2. Aus diesen beiden Sternen wird ein Stern gearbeitet und mit aufgeklebten Goldsternen verziert. Die Halmenden werden spitz zugeschnitten.

Einfache Strohsterne. Modell 6

Modell 6

Material
- 6 gebügelte, gebräunte Strohhalme, 12,5 cm lang, 0,3 cm breit
- 6 gebügelte, gebräunte Strohhalme, 11,0 cm lang, 0,6 cm breit
- 3 gebügelte, helle Strohstreifen, 2,5 cm lang, 0,4 cm breit
- Goldsterne

Anleitung
1. Schneiden Sie die kurzen Strohstreifen an den Enden V-förmig ein und kleben diese mittig auf drei der breiteren Strohhalme.
2. Aus diesen drei und drei weiteren Halmen (12,5 cm lang) wird ein Sechser-Grundstern gebunden.

Aus den restlichen Halmen fertigen Sie einen weiteren Sechser-Grundstern an. Beide Sterne zu einem Stern verweben.

Die Enden der breiten Halme werden eingeschnitten, die der schmalen Halme mit aufgeklebten Goldsternen verziert.

Modell 7

Material
- 12 eingeweichte, mittlere Strohhalme, 11 cm lang
- Goldperlschnüre
- Goldborte

Einfache Strohsterne. Modell 7

Einfache Strohsterne. Modell 8

Modell 8

Material
- 6 eingeweichte, dicke Strohhalme, 15 cm lang
- 6 eingeweichte, mittlere Strohhalme, 7,5 cm lang
- 12 Rauchweizenähren

Anleitung
1. Aus den dicken und dünnen Halmen binden Sie jeweils einen Sechser-Grundstern. Beide Sterne werden versetzt aufeinandergelegt und zu einem Stern verwebt.
2. Schneiden Sie die langen Halmenden schräg ab. In die kurzen Halmenden wird jeweils eine Rauchweizenähre geklebt.

Anleitung
Aus den Strohhalmen werden zunächst zwei Sechser-Grundsterne gefertigt.
Diese beiden Sterne verweben Sie mit einer Goldborte zu einem Stern. Schieben Sie die Goldperlschnüre auf der Sternrückseite unter der Goldborte durch und kleben sie fest.

Einfache Strohsterne. Modell 8

Gezackte Sterne

Modell I

Material
- 16 dünne, eingeweichte Halme, 22 cm lang

Anleitung
1. Aus den eingeweichten Halmen binden Sie zunächst vier Vierer-Grundsterne. Jeweils zwei Sterne werden versetzt aufeinandergelegt und zu einem Stern verbunden.
Die daraus entstehenden Sterne verweben Sie zu einem Stern.
2. Nun können Sie die Fäden der Grundsterne entfernen, so daß nur noch der äußerste Faden, der den gesamten Stern zusammenhält, bleibt.
3. Etwa 1,5 cm außerhalb der letzten Fadenrunde werden jeweils zwei Halme zusammengebunden. Für die Sternspitzen spreizen Sie die Halmpaare an den Bindestellen.
Binden Sie den ersten und sechsten, den zweiten und siebten Halm etc. als Sternspitzen zusammen.

Gezackte Sterne. Modell 1

Gezackte Sterne. Modell 2

Modell 2

Material
- 8 gebügelte, gebräunte Strohhalme, 11 cm lang, 1,2 cm breit
- 8 eingeweichte, dicke Strohhalme, 22 cm lang
- 8 eingeweichte, dünne Strohhalme, 18 cm lang

Anleitung
1. Kleben Sie die gebräunten Halme Rückseite auf Rückseite aufeinander. Aus diesen jetzt vier Halmen wird nun ein Vierer-Grundstern gefertigt. Die dicken Strohhalme legen Sie paarweise nebeneinander und binden daraus einen weiteren Vierer-Grundstern. Beide Sterne werden zu einem Stern verwebt.
2. Schneiden Sie die gebräunten Halme spitz zu.
3. Aus den dünnen Halmen werden ebenfalls zuerst zwei Vierer-Grundsterne gearbeitet, die wiederum zu einem Stern gebunden werden.
4. Verweben Sie die so entstandenen Sterne miteinander.
5. 1 cm außerhalb der letzten Fadenrunde werden die hellen Halme in Vierergruppen zusammengefaßt. Spreizen Sie die Vierergruppen und binden dann die jeweils gleich langen Halme paarweise zu den Zacken zusammen.

Gezackte Sterne. Modell 2

Gezackte Sterne. Modell 3

Modell 3

Material
Innenstern:
– 6 eingeweichte, mittlere Langstrohhalme, 28 cm lang
Zacken:
– je 24 eingeweichte, mittlere Langstrohhalme, 16,5 cm, 20,5 cm, 26 cm lang

Anleitung
1. Innenstern:
Aus den sechs Halmen wird ein Sechser-Grundstern gefertigt.

2. Zacken:
Die Zacken bestehen aus drei verschieden langen Halmpaaren (26 cm, 20,5 cm, 16,5 cm).
Das längste Halmpaar wird nach 16 cm, die anderen Paare werden nach 13 cm, bzw. 10,5 cm geknickt.
Nun binden Sie die Halmpaare an ihren Enden ab. Spreizt man eines der Halmpaare in der Mitte, entsteht ein drachenförmiges Viereck.
Die Sternzacken bestehen aus drei an den Seiten miteinander verbundenen Vierecken, die am Innenstern angebunden werden.

Sterne mit Spitzbogen. Modell I

Sterne mit Spitzbogen

Modell I

Material
- 12 gebügelte Strohhalme, 9 cm lang, 0,6 cm breit
- 6 eingeweichte, dicke Strohhalme, 8 cm lang
- 6 gebügelte Strohstreifen, 13 cm lang
- 6 gebügelte Strohstreifen, 12 cm lang
- 12 gebügelte Strohstreifen, 11 cm lang

Sterne mit Spitzbogen. Modell 2

Modell 2

Material
- 18 eingeweichte, mittlere Strohhalme, 22 cm lang
- 6 eingeweichte, mittlere Strohhalme, 14 cm lang
- 24 gebügelte Strohstreifen, 22 cm lang
- 24 Rauchweizenähren

Anleitung
1. Jeweils zwei der 9 cm langen, gebügelten Strohhalme werden Rückseite auf Rückseite zusammengeklebt. Mit diesen Halmen bzw. den eingeweichten Halmen wird jeweils ein Sechser-Grundstern gebunden. Beide Sterne verweben Sie nun zu einem Stern. Die Enden der gebügelten Halme werden spitz zugeschnitten.
2. In jedes zweite Halmende werden drei in der Mitte geknickte Strohstreifen, 11 cm, 12 cm und 13 cm eingeklebt. Die Spitzbögen überbrücken stets ein dickes Halmende. In die überbrückten Halmenden kleben Sie die restlichen sechs Strohstreifen (11 cm) als Rundbögen ein.

Anleitung
1. Aus den 22 cm langen Halmen binden Sie drei, aus den 14 cm langen Halmen einen Sechser-Grundstern.
2. Jeweils zwei Sterne werden versetzt aufeinandergelegt und verwebt. Aus diesen beiden Sternen wird ein Stern gebunden.
3. Durch das Binden wird jeder zweite Halm leicht nach unten gedrückt. In diese Halmenden werden die in der Mitte geknickten Strohstreifen geklebt. Jeder Spitzbogen überbrückt zwei der „unteren" Halmenden. In die restlichen Öffnungen der unterschiedlich langen Halme kleben Sie jeweils eine Rauchweizenähre.

Sterne mit Spitzbogen. Modell 2

Sterne mit Spitzbogen. Modell 3

Modell 3

Material
- 8 eingeweichte, dicke Strohhalme, 22 cm lang
- 24 eingeweichte Binsen, 44 cm lang
- 16 eingeweichte Binsen, 13 cm lang
- je 16 gebügelte Strohstreifen, 16 cm, 18 cm, 20 cm und 22 cm lang

Anleitung
1. Aus den 8 dicken Strohhalmen werden zwei Vierer-Grundsterne gearbeitet, die zu einem Stern verwebt werden. Anschließend binden Sie aus den 24 Binsen sechs Vierer-Grundsterne. Diese sechs Sterne werden paarweise zu drei Sternen verwebt. Aus den jetzt vier Sternen werden durch Verweben zwei und schließlich ein einziger Stern.

Sterne mit Spitzbogen. Modell 4

Anleitung

1. Kleben Sie die gebräunten Strohhalme paarweise Rückseite auf Rückseite zusammen. Aus diesen jetzt sechs Halmen und aus den 18 cm langen Halmen wird jeweils ein Sechser-Grundstern gebunden.
Verweben Sie beide Sterne zu einem Stern.

2. Die gebügelten Strohstreifen werden in der Mitte geknickt. Kleben Sie fünf unterschiedlich lange Strohstreifen als Spitzbögen zusammen mit drei dünnen Strohhalmen (10 cm, 11 cm und 10 cm) in die dicken Halmenden des Innensterns.

2. In die dicken Halmenden werden jeweils vier unterschiedlich lange, in der Mitte geknickte Halme sowie eine 13 cm lange Binse eingeklebt.

3. Die Spitzbögen überbrücken jeweils ein dickes Halmende.

Modell 4

Material
- 12 gebügelte, gebräunte Strohhalme, 22 cm lang, 1,2 cm breit
- 6 eingeweichte, dicke Strohhalme, 18 cm lang
- 24 eingeweichte, dünne Strohhalme, 10 cm lang
- 12 eingeweichte, dünne Strohhalme, 11 cm lang
- je 12 gebügelte Strohstreifen, 22, 20, 18, 16, 14 cm lang, 0,2 cm breit

Sterne mit Spitzbogen. Modell 4

Sterne mit Rundbogen. Modell I

Sterne mit Rundbogen

Modell I

Material
- 8 eingeweichte, mittlere Strohhalme, 20 cm lang
- 4 eingeweichte, dicke Strohhalme, 6 cm lang
- je 8 gebügelte Strohstreifen 7 cm, 8,5 cm und 10 cm lang, 0,3 cm breit

Sterne mit Rundbogen. Modell I

Anleitung
1. Die mittleren Strohhalme werden jeweils paarig angeordnet. Aus diesen vier Halmpaaren binden Sie einen Vierer-Grundstern. Mit den dicken Halmen wird ein weiterer Vierer-Grundstern gearbeitet. Beide Sterne werden miteinander verwebt.
2. Binden Sie die Halmpaare jeweils nach 3,5 cm (von der Sternmitte aus) ab. Nun werden die Halmpaare gespreizt und die Halmenden zu den Sternzacken zusammengebunden. In die Enden der dicken Halme kleben Sie jeweils drei unterschiedlich lange Strohstreifen als Rundbögen ein.

Sterne mit Rundbogen. Modell 2

Modell 2

Material
- je 8 eingeweichte, dicke Strohhalme, 7 cm und 19 cm lang
- 16 gebügelte Strohstreifen, 10 cm lang, 0,3 cm breit

Sterne mit Rundbogen. Modell 3

Anleitung

1. Aus den 7 cm und 19 cm langen Halmen fertigen Sie jeweils zwei Vierer-Grundsterne. Die beiden Sterne mit 7 cm Durchmesser werden miteinander verwebt. Dasselbe geschieht mit den beiden anderen Sternen. Es bleiben je ein Stern mit 7 cm und 19 cm Durchmesser. Daraus wird ein Stern gebunden.
2. Die langen Halme binden Sie paarweise 3,5 cm von der Sternmitte aus zusammen. Anschließend werden diese Halmpaare gespreizt und paarweise zu den Sternzacken zusammengebunden.
3. In die kurzen Halmenden werden die Strohstreifen als Rundbogen eingeklebt. Ein Rundbogen überbrückt jeweils zwei kurze Halmenden.

Modell 3

Material

Innenstern:
- 12 gebügelte Strohhalme, 20 cm lang, 1,2 cm breit
- 6 eingeweichte, dicke Strohhalme, 10,5 cm lang

Zacken:
- 24 gebügelte Strohstreifen, 10 cm lang, 0,3 cm breit

Rundbögen:
- 12 gebügelte Strohstreifen, 14 cm lang, 0,3 cm breit

Anleitung

1. Innenstern:
Die gebügelten Strohhalme werden Rückseite an Rückseite paarweise auf-

Sterne mit Rundbogen. Modell 3

Sterne mit Rundbogen. Modell 4

einandergeklebt. Mit diesen Halmen und den eingeweichten Strohhalmen fertigen Sie zwei Sechser-Grundsterne an, die dann zum Innenstern verwebt werden. Schneiden Sie die Enden der gebügelten Halme V-förmig ein.

2. Zacken:
Aus den eingeschnittenen Halmen werden von hinten die Strohstreifen der Zacken befestigt. Kleben Sie die Strohstreifen paarweise zu den Zacken zusammen.

3. Rundbögen:
In die dicken Halmenden werden die Strohstreifen so eingesteckt, daß sie jeweils ein dickes Halmende überbrücken.

Modell 4

Material
Mittelstern:
- 12 mittlere, eingeweichte Strohhalme, 18 cm lang
- 16 mittlere, eingeweichte Strohhalme, 21 cm lang
- 12 rote, gebügelte Strohhalme, 21 cm lang

Zacken:
- je 24 eingeweichte, mittlere Strohhalme, 11 cm, 16 cm und 20 cm lang
- 12 eingeweichte dünne Strohhalme, 8 cm lang

Sterne mit Rundbogen. Modell 4

Rote Fächer:
- je 24 eingeweichte, dünne, rote Strohhalme, 3,5 cm, 6,5 cm und 8 cm lang
- 12 dünne, eingeweichte, rote Strohhalme, 9,5 cm lang

Rundbögen:
- 24 gebügelte, rote Strohstreifen, 19 cm lang, 0,3 cm breit
- 24 gebügelte, helle Strohstreifen, 21 cm lang, 0,3 cm breit

Sterne mit Rundbogen. Modell 4

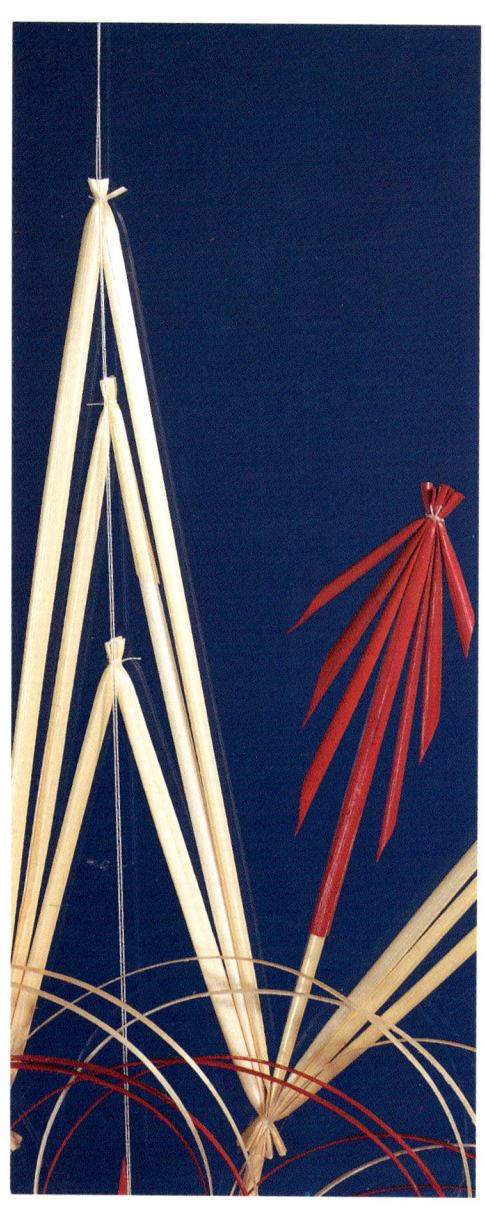

Anleitung

1. Mittelstern:
Kleben Sie jeweils zwei rote, gebügelte Halme Rücken an Rücken aufeinander. Mit diesen roten Halmen bzw. den anderen 21 cm langen Halmen werden zwei Sechser-Grundsterne gebunden. Zwei weitere Sechser-Grundsterne entstehen aus den zwölf 18 cm langen Halmen. Legen Sie die beiden Sterne mit 21 cm bzw. 18 cm Durchmesser jeweils versetzt aufeinander und binden daraus zwei Sterne. Diese beiden Sterne werden wiederum zu einem Stern, dem Mittelstern, verwoben. Mit der Schere die roten Sternspitzen einschneiden.

2. Zacken:
In die zwölf Enden der 21 cm langen Halme des Mittelsternes kleben Sie jeweils einen 8 cm langen Strohhalm 2 cm tief ein. Zu beiden Seiten der 8 cm langen Halme werden die 20 cm, 16 cm und 11 cm langen Halme angelegt. Die sieben Halme werden ca. 1 cm von der Einschubstelle entfernt zu einem Fächer zusammengefaßt. Insgesamt werden rundum zwölf Fächer gebunden. Von den Nachbarfächern werden jeweils die gleichlangen Halme zu drei ineinanderliegenden Zacken zusammengebunden.

3. Rote Fächer:
An jedem 9,5 cm langen Halm ordnen Sie auf beiden Seiten die 8 cm, 6,5 cm und 3,5 cm langen Halme an und binden anschließend insgesamt zwölf Fächer. Bis auf den Mittelhalm werden die Enden schräg abgeschnitten. Den Mittelhalm jedes Fächers stecken Sie auf die 8 cm langen Halme des Mittelsterns.

4. Rundbögen:
Die Strohstreifen werden in die Enden der 18 cm langen Halme des Mittelsternes eingeklebt. Beginnen Sie mit den roten Streifen. Jeder Bogen überbrückt zwei Halmenden.

Sind alle roten Strohstreifen eingesteckt, d. h. in jedem Halmende befinden sich zwei rote Streifenenden, werden die längeren, hellen Strohstreifen in derselben Anordnung eingeklebt.

Sterne mit Rundbogen. Modell 4

Sterne mit Rundbogen. Modell 5

Modell 5

Material
Innenstern:
- je 6 eingeweichte, dicke Strohhalme, 11 cm und 17 cm lang

Sternzacken:
- 24 eingeweichte, dicke Strohhalme, 21 cm lang, 0,3 cm breit

Fächerspitzen:
- 96 eingeweichte Strohhalme, 4 cm lang

Rundbögen:
- je 12 gebügelte Strohstreifen, 21 cm, 19 cm und 17 cm lang

Anleitung
1. Innenstern:
Aus den 11 cm bzw. den 17 cm langen Strohhalmen wird jeweils ein Sechser-Grundstern gebunden. Beide Sterne zu einem Stern verweben.

2. Sternzacken:
An den Enden der langen Halme des Innensterns (17 cm) legen Sie jeweils beidseitig einen 21 cm langen Strohhalm an. Die Enden der angelegten Halme überlappen die Enden der Innensternhalme jeweils 1 cm. An diesen Überlappungsstellen wird nun abgebunden. Spreizen Sie nun die paarweise abgebundenen Halme um etwa 90°. Die Enden zweier gespreizter Halme werden jeweils zu einem Zacken zusammengebunden und überbrücken dabei immer drei Halmenden des Innensterns.

3. Fächerspitzen:
Binden Sie jeweils mit acht 4 cm langen Strohhalmen insgesamt zwölf Fächer. Die Fächer werden auf die Sternspitzen gebunden.

Sterne mit Rundbogen. Modell 5

4. Rundbögen:
Die Strohstreifen werden in die kurzen Halme des Innensterns (11 cm) gesteckt und geklebt. Zwei nebeneinanderliegende Halmenden werden jeweils mit drei Rundbögen (17 cm, 19 cm, 21 cm) verbunden.

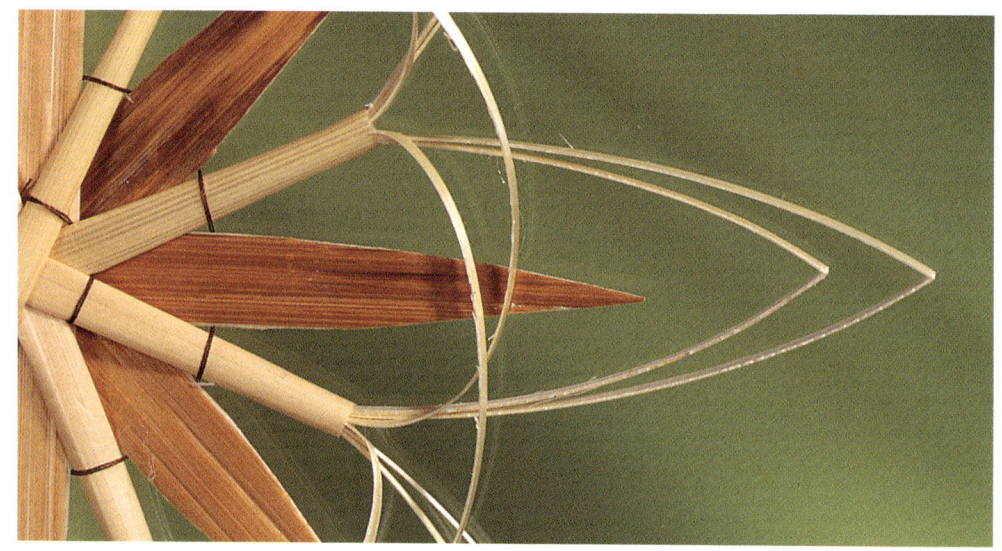

Kombinationen von Spitz- und Rundbögen

Modell I

Material
Innenstern:
- 4 eingeweichte, dicke, helle Strohhalme, 8 cm lang
- 8 gebügelte, braune Strohhalme, 14 cm lang, 1,2 cm breit

Spitzbögen:
- je 8 gebügelte, helle Strohstreifen, 12 und 14 cm lang

Rundbögen:
- 8 gebügelte, helle Strohstreifen, 12 cm lang

Anleitung
1. Innenstern:
Die braunen Halme kleben Sie paarweise mit den Rückseiten zusammen. Aus den jetzt vier braunen Halmen und den vier hellen Halmen wird jeweils ein Vierer-Grundstern gebunden. Anschließend verweben Sie beide Sterne zum Innenstern.

2. Spitzbögen:
Knicken Sie die 12 cm und 14 cm langen Halme in der Mitte und kleben sie in die dicken Strohhalmenden. Die Spitzbögen befinden sich über den braunen Sternspitzen.

3. Rundbögen:
Die Rundbögen werden ebenfalls in die Halmenden eingeklebt. Sie überbrücken jeweils ein Halmende.

Kombinationen von Spitz- und Rundbögen. Modell I

Kombinationen von Spitz- und Rundbögen. Modell 2

Modell 2

Material
Innenstern:
- 6 eingeweichte, dicke Strohhalme, 22 cm lang
- 6 eingeweichte, dicke Strohhalme, 16,5 cm lang

Spitzbögen:
- je 12 gebügelte Strohstreifen, 14 cm, 16 cm, 18 cm, 20 cm, 22 cm lang

Rundbögen:
- je 12 gebügelte Strohstreifen, 12,5 cm, 13,5 cm, 15,5 cm lang

Anleitung
1. Aus den dicken Strohhalmen arbeiten Sie zwei Sechser-Grundsterne, die Sie miteinander zu einem Stern verweben.
2. In die Enden der langen Halme werden jeweils fünf unterschiedlich lange, in der Mitte geknickte, Strohstreifen eingeklebt.
Jeweils drei Rundbögen werden in die kurzen Halme eingesteckt.

Kombinationen von Spitz- und Rundbögen. Modell 3

Modell 3

Material
Innenstern:
- 16 eingeweichte, dicke Halme, 8 cm lang

Fächer:
- 8 eingeweichte, dicke Halme, 16 cm lang
- je 8 eingeweichte, dünne Halme, 5 cm, 6,5 cm, 8 cm, 9,5 cm lang
- 4 eingeweichte, dünne Halme, 12,5 cm lang

Spitzbögen:
- 4 gebügelte Strohstreifen, 20 cm lang, 0,3 cm breit

Rundbögen:
- je 4 gebügelte Strohstreifen, 13 cm, 11 cm, 9 cm lang und 0,3 cm breit

43

Aufwendige Kombinationen. Modell I

3. Rund- und Spitzbögen:
Die Strohstreifen für die Rundbögen und die Spitzbögen werden wie auf dem Foto in die Halmenden des Innensterns eingeklebt.

Aufwendige Kombinationen

Modell I

Material
- 8 eingeweichte, mittlere, helle Strohhalme, 21 cm lang
- 8 gebügelte, gebräunte Strohhalme, 10 cm lang, 1 cm breit
- 8 gebügelte Strohstreifen, 22 cm lang, 0,3 cm breit

Anleitung
1. Innenstern:
Aus den 16 dicken Halmen werden 4 Vierer-Grundsterne gefertigt. Sie werden zu zwei Sternen verwebt und diese beiden schließlich zu einem Stern gebunden.
2. Fächer:
Insgesamt werden vier Fächer benötigt. An den Mittelhalm (12,5 cm) beidseitig parallel folgende Halme anlegen: 9,5 cm, 8 cm, 6,5 cm, 5 cm und 16 cm. Es sind also insgesamt 11 Halme pro Fächer. Der Mittelhalm ragt aus dem Fächer nach dem Abbinden 1 cm weiter vor als die anderen Halmenden. Kleben Sie nun die vier Fächer kreuzförmig in den Innenstern. Die dicken Außenhalme der Fächer binden Sie paarweise zu vier Sternzacken zusammen. Anschließend werden die dünnen Fächerhalme abgeschrägt.

Anleitung
1. Die gebügelten Halme werden paarweise Rückseite auf Rückseite geklebt, zu einem Vierer-Grundstern gebunden und die Enden zurechtgeschnitten. Aus den acht eingeweichten Halmen werden vier Paare gebildet und aus ihnen wiederum ebenfalls ein Vierer-Grundstern gearbeitet. Beide Grundsterne verweben Sie nun zu einem Stern.
2. 2,5 cm von der Sternmitte aus werden die langen Halmenden paarweise abgebunden. Anschließend spreizen Sie die Halme und überkreuzen diese nach 4,5 cm. Die Zacken werden an den Kreuzungsstellen abgebunden. Schneiden Sie die Halmenden schräg ab.
3. Die drei ineinanderliegenden Ringe werden aus einem Strohstreifen geformt und zwischen die Sternzacken geklebt.

Aufwendige Kombinationen. Modell I

Aufwendige Kombinationen. Modell 2

Modell 2

Material
Innenstern:
- 4 eingeweichte, dünne Strohhalme, 3 cm lang

Fächer:
- je 16 eingeweichte, mittlere Strohhalme, 10 cm, 16 cm und 22 cm lang
- 8 eingeweichte, mittlere Strohhalme, 10,5 cm lang

Außensterne:
- 8 x 6 eingeweichte, flachgebügelte Strohhalme, 6 cm lang

Anleitung

1. Innenstern:
Aus den dünnen Strohhalmen arbeiten Sie einen Vierer-Grundstern.

2. Fächer:
Jeder Fächer besteht aus sieben Halmen in folgender Anordnung: 10 cm – 16 cm – 22 cm – 10,5 cm – 22 cm – 16 cm – 10 cm.
Zum Abbinden werden die Halme an einer Seite bündig nebeneinandergelegt und mit Daumen und Zeigefinger zusammengepreßt. Die Bindestelle des Fächers befindet sich 2 cm von den Halmenden entfernt.

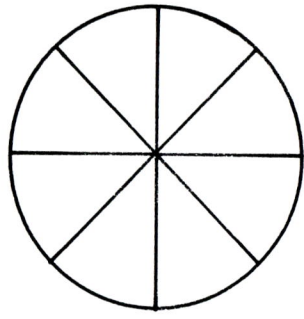

3. Fächerschablone:
Für den Zuschnitt der zur Mitte zeigenden Fächerspitze fertigen Sie eine Kartonschablone an. Eine Kartonscheibe mit Radius 2 cm wird in 8 gleiche Segmente unterteilt. Bis auf den mittleren Halm des Fächers (10,5 cm) werden sämtliche Halme im selben Winkel wie auf der Schablone abgeschrägt.

4. Sternzacken:
Kleben Sie die Fächer auf den Innenstern. Die kurzen Außenhalme der nebeneinanderliegenden Fächer (10 cm) werden zum ersten Zackenkranz paarweise zusammengebunden. Nach 4 cm binden Sie die nur noch aus fünf Halmen bestehenden Fächer erneut ab. Auch hier werden die Außenhalme der Fächer (16 cm) paarweise, diesmal zum zweiten Zackenkranz zusammengefaßt. Die verbleibenden drei Halme der Fächer binden Sie nach weiteren 4 cm ab, um den dritten Zackenkranz zu arbeiten. Vom Mittelhalm des Fächers ist jetzt noch ein ca. 0,5 cm langer Rest übrig.

5. Außensterne:
Als Außensterne werden 8 Sechser-Grundsterne (6 cm Ø) auf die Sternzacken geklebt.

Aufwendige Kombinationen. Modell 2

Aufwendige Kombinationen. Modell 3

Modell 3

Material
Innenstern:
- 6 eingeweichte, dicke Strohhalme, 18,5 cm lang
- 12 gebügelte, braune Strohhalme, 10,5 cm lang und 1,2 cm breit

Sternzacken:
- 24 dünne, eingeweichte, braune Halme, 10,5 cm lang

Außenstern:
- 72 mittlere, eingeweichte Halme, 6 cm lang

Anleitung
1. Innenstern:
Die 12 braunen Halme kleben Sie Rückseite auf Rückseite aufeinander und binden einen Sechser-Grundstern. Anschließend werden die Enden V-förmig eingeschnitten. Aus den 18,5 cm langen Halmen wird ebenfalls ein Sechser-Grundstern gearbeitet.
Beide Sterne verweben Sie nun zum Innenstern.
2. Sternzacken:
An die hellen Enden des Innensterns wird beidseitig jeweils ein brauner Halm (10,5 cm) angelegt. Von der Bindestelle weisen die kurzen Enden (3,5 cm) zur Sternmitte, die langen Enden (7 cm) nach außen.
Jeweils zwei nebeneinanderliegende braune Halmenden werden zu den Außen- bzw. Innenzacken zusammengefaßt.
3. Außenstern:
Insgesamt werden 12 Sechser-Grundsterne aus 6 Halmen à 6 cm benötigt und an den Enden eingeschnitten. Auf jeder Sternspitze wird ein kleiner Stern aufgeklebt oder mit einem Faden angenäht.

Aufwendige Kombinationen. Modell 3

Aufwendige Kombinationen. Modell 4

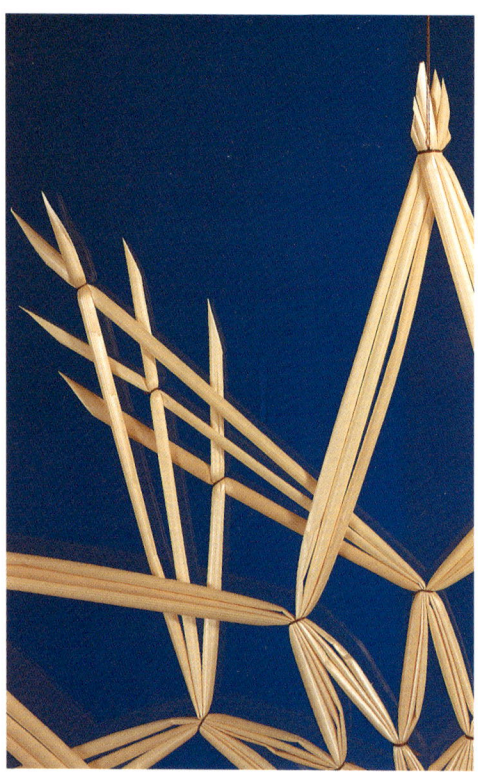

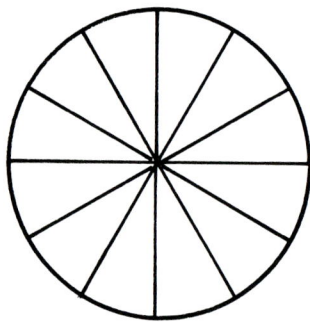

Modell 4

Material

Innenstern:
- 6 eingeweichte, dünne Strohhalme, 4 cm lang

Fächer:
- 72 eingeweichte, mittlere Strohhalme, 22 cm lang

Anleitung

1. Innenstern:
Binden Sie aus den kurzen Halmen einen Sechser-Grundstern.

2. Fächer:
Aus jeweils 6 Halmen werden 12 Fächer gebunden. Die Bindestellen der Fächer befinden sich 3 cm von den Halmenden einer Seite entfernt.

3. Fächerschablone:
Für den Zuschnitt der Fächer müssen Sie eine Kartonschablone anfertigen, d. h. eine in zwölf gleiche Segmente unterteilte Kartonscheibe.
Von den 6 Halmen jedes Fächers ist entweder der dritte oder vierte Halm der Mittelhalm. Die restlichen zwei bzw. drei Halme werden entsprechend der Schablone mit der Schere abgeschrägt. Die zugeschnittenen Fächer kleben Sie auf den Innenstern.

4. Zacken:
Die Fächer werden jeweils in zwei Dreiergruppen aufgeteilt. Fassen Sie stets zwei benachbarte Dreiergruppen nach 4 cm zu einer Sechsergruppe zusammen. Jede 2. Sechsergruppe wird in zwei Dreiergruppen aufgeteilt und zwei dieser Dreiergruppen zu einem Zacken zusammengefaßt. Die Bindestelle befindet sich 2 cm vom Rand entfernt.
Drehen Sie den Stern um und teilen die restlichen sechs Sechsergruppen jeweils in zwei Dreiergruppen. Bei diesen Zacken werden die Halme paarweise zusammengebunden. Man beginnt mit dem Halmpaar, das die Zackenspitze bildet. Die Bindestelle befindet sich 12,5 cm von den Bindestellen der Sechsergruppe entfernt. Die beiden anderen Halmpaare werden nach 9 cm bzw. 6 cm zusammengebunden. Die überstehenden Halmenden werden auf 2 cm gekürzt und abgeschrägt.

Aufwendige Kombinationen. Modell 4

Aufwendige Kombinationen. Modell 5

Modell 5

Material
Innenstern:
- 12 gebügelte, helle Strohhalme, 14 cm lang, 1,5 cm breit
- 6 eingeweichte, mittlere Strohhalme, 22 cm lang

Zacken:
- 12 eingeweichte, mittlere, braune Strohhalme, 22 cm lang
- je 24 eingeweichte, mittlere, helle Strohhalme, 11 cm und 19 cm lang
- 12 eingeweichte, dünne Strohhalme, 13 cm lang

Fächer:
- 12 x 9 eingeweichte, mittlere, braune Halme, 5,5 cm lang

Anleitung
1. Innenstern:
Kleben Sie die gebügelten Strohhalme paarweise Rückseite auf Rückseite. Aus den jetzt 6 hellen Halmen und den braunen Halmen werden 2 Sechser-Grundsterne gefertigt, die zum Innenstern miteinander verwebt werden. Nun können Sie die gebügelten Strohhalme V-förmig einschneiden.
2. Helle Zacken:
In die Enden der braunen Halme des

Aufwendige Kombinationen. Modell 5

Aufwendige Kombinationen. Modell 6

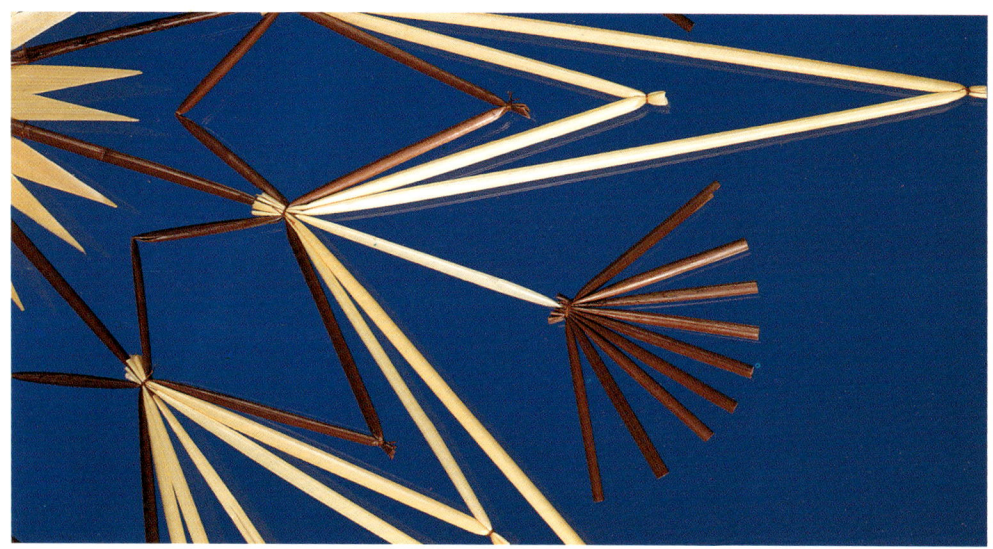

Innensternes wird jeweils ein heller, dünner 13 cm langer Halm, 3 cm tief eingesteckt. An der Einsteckstelle legen Sie beidseitig an den dünnen Halm jeweils einen 11 cm und 19 cm langen hellen Halm an.

Die zur Sternmitte hin weisenden Enden der angelegten Halme überlappen das Ende des braunen Innensternhalms einen Zentimeter. In der Mitte des Überlappungsbereichs wird abgebunden.

Nun können die 11 cm und 19 cm langen Halme paarweise zu den Sternspitzen abgebunden werden.

3. Braune Zacken:
Knicken Sie die 22 cm langen, braunen Halme dreimal, und zwar nach 7 cm, 11 cm und 15 cm. Ein Halm wird in der Mitte, also bei 11 cm geknickt und an seinen Enden zusammengebunden. Dieser geknickte und zusammengebundene Halm kann zu einem Viereck gespreizt werden.

Dieses Viereck wird mit der Bindestelle nach außen in einen hellen Zacken gebunden. Bei den anderen Zacken ebenso verfahren.

4. Fächer:
Auf die 12 dünnen Halme zwischen den Zacken stecken Sie jeweils einen 5,5 cm langen braunen Halm. Aufstecktiefe ca. 2 cm. An diesen aufgesteckten Halmen werden beidseitig jeweils vier weitere kurze Halme angelegt und zu 12 Fächern à 9 Halmen gebunden.

Modell 6

Material
Innenstern:
– 6 eingeweichte, dicke, helle Halme, 22 cm lang

Zacken:
– je 24 eingeweichte, mittlere, helle Halme, 20 cm, 22 cm lang
– 24 eingeweichte, mittlere, orange Halme, 15,5 cm lang

Tropfenhalter:
– 12 eingeweichte, helle Halme, 11,5 cm lang

Tropfen:
– je 12 gebügelte Strohstreifen, 21 cm, 13 cm und 9,5 cm lang, 0,3 cm breit

Aufwendige Kombinationen. Modell 6

Anleitung

1. Innenstern:
Der Innenstern wird aus den dicken Halmen als Sechser-Grundstern gebunden. In seine Enden werden die Tropfenhalter 2 cm tief eingesteckt.

2. Äußerster Zackenkranz:
An die Halmenden des Innensterns legen Sie beidseitig jeweils einen 20 cm langen Halm an. Die Enden des Innensternes und der angelegten Halme überlappen sich 1 cm. In der Mitte des Überlappungsbereichs wird abgebunden. Die Halmenden fassen Sie paarweise zum äußersten Zackenkranz zusammen.

3. Mittlerer und innerer Zackenkranz:
Knicken Sie zwei 22 cm lange Halme jeweils nach 13,5 cm. Diese Halme werden nebeneinander gelegt und an beiden Enden zusammengebunden. Wird das Halmpaar in der Mitte auseinandergedrückt, entsteht ein drachenförmiges Viereck.

Mit zwei orangenen Halmen ebenso verfahren. Die Knickstellen befinden

55

Aufwendige Kombinationen. Modell 6

sich nach 10 cm. Die kleinere, orange Drachenform legen Sie in die größere, helle und diese wiederum in den äußersten Zackenkranz. Nun werden die beiden Drachenformen an den Knickstellen an den beiden Bindestellen des äußersten Zackenkranzes angebunden.
4. Tropfen:
Aus drei unterschiedlich langen Strohstreifen fertigen Sie Tropfen an, die anschließend ineinandergeklebt werden. Binden Sie jeden Tropfenhalter nach 5 cm ab und schneiden den Halm bis zur Bindestelle der Länge nach ein. In den Spalt wird ein Tropfen gelegt und mit den Enden des gespaltenen Halms angeknotet.
Die Tropfen können aber auch einfach nur angenäht werden.

Aufwendige Kombinationen. Modell 7

Modell 7

Material
Innenstern:
- 4 dünne, eingeweichte Strohhalme, 6 cm lang

Fächer:
- 8 x 11 eingeweichte, mittlere Strohhalme, 22 cm lang

Außenstern:
- 8 x 8 eingeweichte, mittlere Strohhalme, 6 cm lang

Aufwendige Kombinationen. Modell 7

Anleitung

1. Innenstern:
Aus den vier dünnen Halmen wird ein Vierer-Grundstern gebunden.

2. Fächer:
Nun werden jeweils 11 Halme parallel nebeneinandergelegt und zu insgesamt 8 Fächern gebunden. Die Bindestellen liegen jeweils 4 cm von den Halmenden einer Seite entfernt.

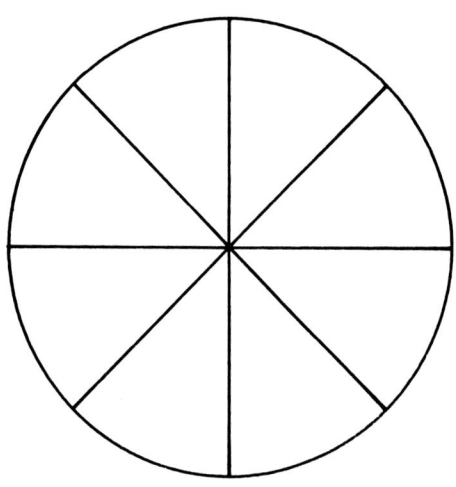

3. Fächerschablone:
Für den spitzen Zuschnitt der Fächer wird eine runde Kartonschablone benötigt. Dazu wird ein Kreis mit dem Radius 3 cm in 8 gleiche Segmente unterteilt. Bis auf den mittleren, d. h. den 6. Fächerhalm, werden alle Halme entsprechend der Schablone abgeschrägt. Kleben Sie die Fächer auf den Innenstern.

4. Kreuzen der Halmgruppen:
Alle Fächer werden in Fünfer- und eine Sechsergruppe aufgespalten, d. h. von der Mitte aus gesehen befindet sich stets die Fünfergruppe rechts, die Sechsergruppe links.
Binden Sie jeweils nach 5 cm eine Fünfergruppe mit einer Sechsergruppe vom Nachbarfächer zusammen. Dazu werden die Halme nicht nebeneinandergelegt und zu einem Fächer zusammengefaßt, sondern es kreuzen sich die Fünfer- und Sechsergruppe dabei.
An den Kreuzungsstellen befindet sich stets die Halmgruppe von jedem zweiten Fächer oben.

5. Flechten der Fächer:
Von den acht Halmgruppen à 11 Halmen wird um die Halme zwei bis zehn ein Bastfaden geflochten, d. h. der Bastfaden wird um den zweiten Halm gelegt und beide Fadenenden schlingen Sie abwechselnd um die folgenden Halme. Nach dem 10. Halm werden die Bastenden verknotet und abgeschnitten. Nun können Sie die Spitzen der geflochtenen Fächer abschrägen.
Aus den verbleibenden Halmen Nummer 1 und 11 werden die kleinen Sternzacken gebunden, auf die später die Außensterne jeweils mit Faden angeheftet werden.

6. Außensterne:
Jeder Außenstern besteht aus zwei miteinander verwobenen Vierer-Grundsternen, deren Spitzen V-förmig eingeschnitten werden.

Aufwendige Kombinationen. Modell 7

Aufwendige Kombinationen. Modell 8

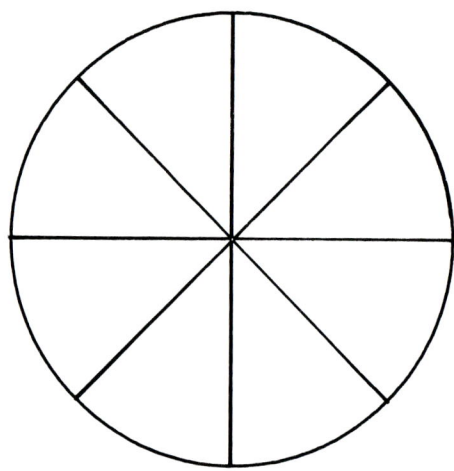

Modell 8

Material

Innenstern:
- 4 eingeweichte, dünne Strohhalme, 5 cm lang

Fächer:
- 80 eingeweichte, mittlere Strohhalme, 22 cm lang

Anleitung

1. Innenstern:
Aus den kurzen Halmen binden Sie einen Vierer-Grundstern.

2. Fächer:
Nun werden acht Fächer aus jeweils zehn Halmen gebunden. Die Bindestelle der Fächer liegt jeweils 3,5 cm von den Halmenden einer Seite entfernt.

3. Fächerschablone:
Für den Zuschnitt des Fächers benötigen Sie eine Schablone. Mit einem Zirkel wird auf ein Kartonstück ein Kreis (Radius z. B. 3 cm) gezeichnet. Unterteilen Sie den Kreis mit Bleistift und Geo-Dreieck in acht gleiche Segmente. Weil jeder Fächer aus zehn Halmen besteht, kann entweder der fünfte oder sechste Halm als Mittelhalm genommen werden. Die restlichen Halme werden mit Schere und Schablone abgeschrägt. Nun können die Fächer auf den Innenstern aufgesteckt und angeklebt werden. Falls die Berührungsstellen der Fächer unsauber geraten sind, können sie leicht durch einige aufgeklebte Strohstreifen oder einem kleinen Vierer-Grundstern aus gebügeltem Stroh verdeckt werden.

4. Fächergruppen:
Teilen Sie die Halme der Fächer jeweils in zwei Fächer-Gruppen. Immer zwei nebeneinanderliegende Fünfer-Gruppen werden nach weiteren 3,5 cm zu Zehner-Gruppen zusammengefaßt.

5. Sternzacken:
Für die Sternzacken werden die Zehner-Gruppen wieder in jeweils zwei Fünfer-Gruppen geteilt. Die Zacken, bestehend aus jeweils zwei Fünfer-Gruppen, überbrücken immer eine Zehner-

Aufwendige Kombinationen. Modell 8

Gruppe bzw. zwei Fünfer-Gruppen. Zuerst werden die beiden äußersten Halme zusammengebunden. Die Bindestelle liegt 13 cm von den Bindestellen der Zehnergruppe entfernt. Die Bindestellen der nächsten Halmpaare befinden sich 11,5 cm, 10 cm, 8,5 cm und 7 cm von den Bindestellen der Zehner-Gruppen entfernt.

Mit der Schere werden die überstehenden Halmenden abgeschrägt.

Aufwendige Kombinationen. Modell 9

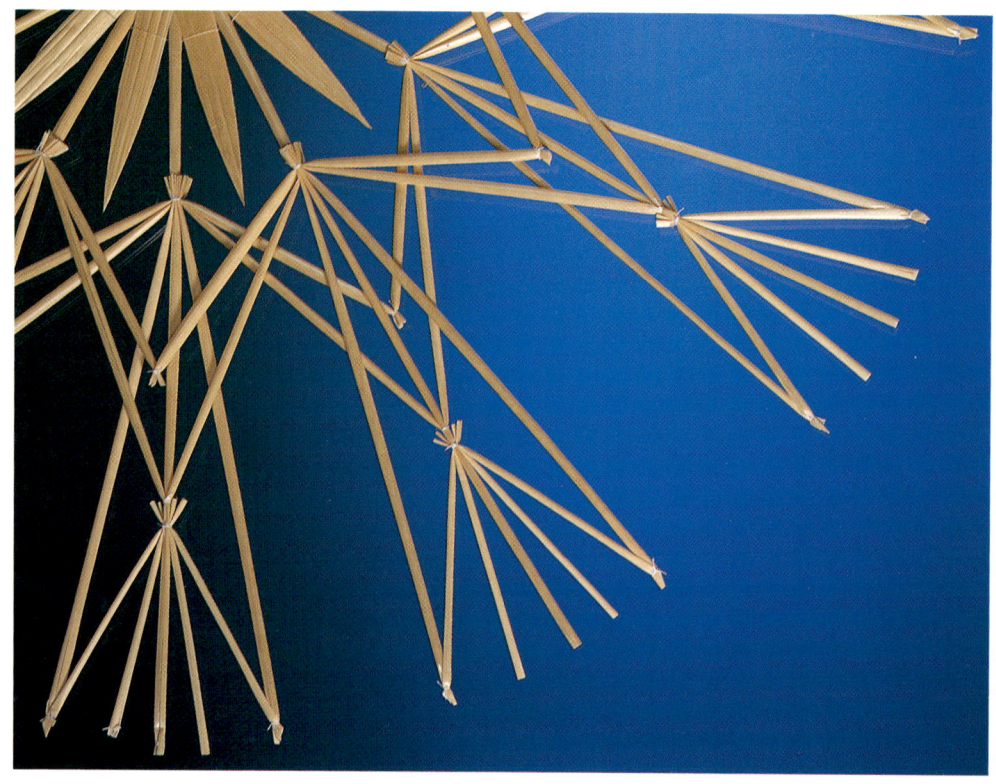

Modell 9

Material

Innenstern:
- 12 gebügelte Halme, 22 cm lang, 1,4 cm breit
- 6 eingeweichte, dicke Halme, 18,5 cm lang

Innenfächer:
- 36 eingeweichte, mittlere Halme, 22 cm lang
- 24 eingeweichte, mittlere Halme, 11 cm lang
- 24 eingeweichte, mittlere Halme, 15,5 cm lang

Außenfächer:
- 4 x 12 eingeweichte, mittlere Halme, 10 cm lang
- 12 eingeweichte, mittlere Halme, 12 cm lang

Anleitung

1. Innenstern:
Die gebügelten Halme werden paarweise Rückseite auf Rückseite aufeinandergelegt und aus den jetzt 6 Halmen ein Sechser-Grundstern gebunden. Aus den 18,5 cm langen Halmen arbeiten Sie einen weiteren Sechser-Grundstern. Beide Sterne werden miteinander verwebt.

2. Innenfächer:
Die 12 Fächer bestehen jeweils aus 7 Halmen in der Reihenfolge: 11 cm – 15,5 cm – 22 cm – 22 cm – 22 cm – 15,5 cm – 11 cm. Der Mittelhalm (22 cm) ragt nach dem Abbinden 6 cm aus der Fächerbasis heraus. Dieser 6 cm lange Überstand der Fächer wird in die dicken Halme des Innensterns geklebt.

Aufwendige Kombinationen. Modell 9

Aufwendige Kombinationen. Modell 9

Binden Sie nun die äußersten Halme (11 cm) von jedem 2. Fächer paarweise zur ersten Zackenrunde (6 Zacken) zusammen.

Nun wird der Stern umgedreht und die restlichen 6 Zacken der 1. Runde gebunden.

Verlängern Sie den Mittelhalm der Fächer, indem Sie jeweils einen 12 cm langen Halm 2 cm tief einkleben.

Für die 2. Zackenrunde nehmen Sie die 15,5 cm langen Halme. Dabei wird an den Spitzen dieser Zacken der Mittelhalm des Nachbarfächers mit eingebunden.

Drehen Sie nun den Stern um und binden die restlichen 6 Zacken. Von den Innenfächern sind jetzt nur noch die beiden 22 cm langen Halme frei.

3. Außenfächer:

An den verlängerten Mittelhalm jedes Fächers legen Sie nun beidseitig jeweils zwei 10 cm lange Halme an und binden die kleinen Fächer etwa 0,5 cm außerhalb der äußersten Zackenrunde am Mittelhalm ab.

Die beiden freien Halme des Innenfächers binden Sie mit den beiden äußeren Halmen des Außenfächers zusammen.